Leo Color
Libro 2

Caleb Gattegno

Educational Solutions Worldwide Inc.

Copyright © 1971-2010 Educational Solutions Worldwide Inc.
Segunda Edición
Autor: Caleb Gattegno
Todos los derechos reservados
ISBN 978-0-87825-217-6

Educational Solutions Worldwide Inc.
2nd Floor 99 University Place, New York, N.Y. 10003-4555
www.EducationalSolutions.com

Tabla de Contenido

Lámina 3.0 1
    Lámina 3.1 2
    Lámina 3.2 6
    Lámina 3.3 10

Lámina 4.0 13
    Lámina 4.1 14
    Lámina 4.2 18
    Lámina 4.3 22
    Lámina 4.4 26

Lámina 5.0 29
    Lámina 5.1 30
    Lámina 5.2 34
    Lámina 5.3 38
    Lámina 5.4 42
    Lámina 5.5 46

a u i e o
y
l m n p t d f   r
y   s

Lámina 3.0

s

Lámina 3.1

su	se	si	sus	asa
es	eso	esa	oso	osa
nos	unos	unas	mis	mías
los	las	les	sol	
son	sin	sólo	sal	
sale	salió	isla	sola	
masa	mesa	mismo	menos	seis
somos		mismos	salen	
más	mas	sé	sí	

- éso es una isla

- ésos son así

- los animales no son malos

- el asno lame la losa

- al menos salió el sol

- esas son las manos de luis

- el sol ilumina el álamo

- éso no es así

- leon salió el lunes

- ni un álamo ni un animal en la isla

- mis manos olían a limón

- el mono es un animal, sí o no

- sin lola somos seis

- salió solo sin su asno

p t y y

Lámina 3.2

papa   papá   pipa   pié   pepe   pepa

soy   y   yo   ya   muy   yema

ti   te   tío   ata   toma   tu   tú

ten   tuyo   tuya   temo

estoy   meta   mata   teníamos

pasa   peso   pisa   pena   pues

pone   alta   salta   santo

siete   sesenta   tinta

limpio   amplio   simpatía   miente

tienen   siento   susto   asustarse

pantalones   pensamiento

- esa sopa es muy sosa

- esta pipa y este peine son míos

- tu tía te tomó el pelo

- mi piso es muy amplio

- este plato no está muy limpio

- tú no tienes ni una peseta

- limpiamos el suelo lentamente

- teníamos sesenta y siete pesos

- pepita no es tonta

- poníamos patatas en sus amplias manos

- ponía su pluma en la tinta

- ¡ay! me asustaste, estoy muy mal

- anímate y salta más alto

- ponemos el pan, la sal, el melón, la miel y el limón en la mesa

f   d   r

Lámina 3.3

fue   fui   fin   fino   feo

di   dos   dio   dios   da   dar

ira   irá   era   eras   mira   por

fiesta   familia   fuente

final   falda   falta   fuiste   frío

fama   famoso   falso   fondo   fuera

después   donde   dónde   desde   duro

doler   estando   dormir   defensa

flores   florero   fósforos

- le faltan dos dientes y el dentista le puso dos dientes falsos
- emilio y su familia están en una fiesta
- prometo mandarte el dinero
- dame los fósforos
- el martes es día de fiesta, saldremos a pasear
- mira por dónde sale luis
- daniel no está feo en la foto
- ya eran las siete y nos fuimos a dormir
- mi tía está poniendo flores en el florero
- se apoyó en el muro
- se metieron siete en la fuente
- en el mes de mayo suelen salir las flores en las afueras del monte

	a	u	i	e	o					
	ha	hu	hi	he	ho					
			y							
l	m	n	p	t	d	f	ch	ñ	r	x d
y				r				s		
ll				rr				c		
hi										

Lámina 4.0

ch   ñ

Lámina 4.1

uña	año	niño	moño	leña
lecho	ocho	techo	pecho	chata
puñal	araña	señal		paño
piñón	puño		piña	apaño
españa	pañuelo	montaña		mañana
chupar	chiste	chispa		chino
ancho	anchoa	ochenta		muchacha
mucho	manchar	mancha		echa
echar	empachar	chile		chimenea

- tu chiste no tiene mucha chispa

- esta piña no tenía ni un piñón

- se le metió una araña en el moño

- te echo mucho de menos

- el chinito se arañó en una mata

- esas uñas no están muy limpias

- a los ochenta años ya está muy chocha

- en españa las muchachas tienen pañuelos lindos

- no te manches y no te empaches

- por las mañanas el niño salía temprano

- los chinos son muchos en su país

- muchas chispas en la chimenea

ll   x   d

Lámina 4.2

allí   allá   llano   llora   lleno

ellos   ellas   llama   malla

llanto   llanta   llamamos   llanura

nada   tarde   todo   unido   lodo

examen   exterior   expresión

expreso   éxito   extra

puntilla   amarilla   orilla   semilla

amarillento   tallo   talle   taller

apellido   silla   sillón   millón

- ellos y ellas están allá

- no emplees más esas expresiones

- él extraía las muelas sin dolor

- llama a tu madre y no llores más

- él era un explorador muy extraño

- ese pollo es un pillo

- la tía dolores se sienta en el sillón amarillo

- la llanura amarillenta se extiende al infinito

- unas llamas enormes salían de la chimenea

- yo fui sin miedo al examen

- este señor tiene por lo menos tres millones de pesos

r rr

Lámina 4.3

río　　ríe　　riñe　　rey　　rayo

perro　　error　　torre　　tierra

sierra　　terror　　chorro

ruso　　rama　　rana　　rema　　rosa

rueda　　raro　　ruido　　reyes　　rosal

reírse　　reúne　　resistir

arroyo　　romper　　amarra　　respuesta

rodilla　　chicharra　　terremoto　　remolacha

- los rusos se reunieron en la torre

- arrímate al remo

- no arrimes los dedos al rosal

- el perro errante perdió la ruta

- sufrieron su mayor derrota en la sierra

- él tiró el arma antes de ser arrestado

- se rompió una rueda al pasar el arroyo

- las ranas en el río están saltando

- mándame tu respuesta muy rápido

- chile es una tierra de terremotos

- rema más fuerte

- en las alturas ardía el sol

- arrodíllate

ha hu hi he ho

Lámina 4.4

has   hemos   han

hilo   hecho   héroe   hoyo

huele   humo   humor

hora   honra   hacha   hartar

harina   helado   haya   hospital

hermoso   horror   húmedo

hermano   hoy   hay   huérfano

ahumado   ahí   huír   ahora

herramienta   historia   herido

- ¿hay harina en el molino?

- ahora ya es muy tarde

- el hemisferio norte y el hemisferio sur

- ese hoyo es enorme, yo no hallé otro tan hondo

- yo no sé la historia de ese héroe

- al rehuir la lucha tu hermano perdió su honra

- huele a perfume en esta tienda

- tome un helado y unas almendras

- en el hospital hay muchos heridos

- mi hermana ya se ha hartado de estar ahí

- hasta mañana señor martín

- hemos hecho mucho ruido la otra noche

a	u	i	e	o
ha	hu	hi	he	ho
		y		

l	m	n	p	t	d	f	ch	ñ	r	n	x	d
	y		c		b	r		g		s	j	
	ll		qu	v		rr		gu		c		g
	hi		k							z		x
												x

Lámina 5.0

qu   g   hi

Lámina 5.1

que   qué   quien   quién   quiso   queso

quedo   quedó   quemo   quemó   querer   quieres

quienes   paquete   quemadura

aquí   aquel   aquél   aquella   chaqueta

gato   gota   gallo   ganso

gusto   gusano   guapo   guardia

grito   granada   gloria   algo

hago   higo   trigo   trago

egoísta   iglesia   figura

galleta   agua   gallina   pago

hierro   hielo

- ¿qué es ésto?

- puede que mañana me quede sola

- quítame estos platos de aquí

- al guardia le gusta tomar un trago

- pregúntale por qué no quiso quedarse

- una gota de agua y una miga de pan

- ¿quién quiere queso?

- gallos y gallinas se despiertan temprano

- mis guantes y mi chaqueta están en aquel paquete

- ¿en qué quedamos?

- ¿quién quemó las plumas de aquel ganso?

- higos y granadas son frutas mediterráneas

z   k
     c

Lámina 5.2

zumo   zona   zorro   zorra   raza   arroz

nuez   pez   paz   luz   pozo

kilo   kilómetro   kilogramo   kilolitro

casa   caso   cosa   copa   capa   cara   roca

caro   carro   como   coche   calle   cual   cuál

cuesta cáscara chocolate conquista cualquiera

cartero   carpintero   cuadro   cucaracha

zapato   zapatilla   azúcar   cazar   cruz

izquierda   ferrocarril   almorzar   alcachofa

- aún no es hora de almorzar

- ¿cuál pesa más: medio kilo de queso o medio kilo de zanahorias?

- la zorra no quiere arroz, prefiere pollo

- una luz azul muy extraña salía del pozo

- chocolate con leche para mí y un zumo de manzana para tí

- la cucaracha ya no puede caminar

- ¿a cuántos kilómetros de aquí queda tu casa?

- la hormiga se escondió detrás de una cáscara de nuez

- el zapatero toma su café sin azúcar

- ¿de qué color es el uniforme del cartero?

- en las calles de la capital había muchos turistas

j c n

Lámina 5.3

ajo   ojo   jota   hijo   lejos

junio   jamón   julio   juan   justo

jarro   japón   jaula   juntar

cera   cenar   cielo   cierro   cien   ciento

luces   hacía   hacer   sucio

cenicero   ceniza   conciencia   dulce

ciudad   usted   madrid

medicina   deshacer   acento   decía   cita

cinco   tengo   manga   junco

- mi hijo quiere comer jamón para la cena

- josé cenó anoche en madrid

- usted tiene el acento dulce de américa central

- san juan es una ciudad deliciosa

- los juncos crecen junto al río

- césar tiene celos de su amigo

- el ajo me irritó los ojos

- en esa jaula no hay ningún pájaro

- en junio los rosales de mi jardín no tenían hojas

- junto a él se sentaron dos mujeres extranjeras

- tengo cinco hijos y dos hijas

v   g

Lámina 5.4

va   ve   ven   vía   velo

vaso   vino   veo   vale   vena

vuela   vuelo   viene   vela

genio   gente   gitano   giro   giró   gira

jorge   girasol   generoso

vaca   viento   volver   devolver

venta   noventa   vivienda   vivir

vosotros   revista   verde

cogido   escogido   coger   recoger

oveja   ovillo   huevo   nuevo

nueve   vecino   ventana

- vamos a ver

- al caminar por la vía ví venir el tren con sus veinte vagones

- salta la valla, si eres valiente, le dijo su hermano gemelo

- entre los noventa alumnos hallaremos quizás un genio

- si haces gimnasia te volverás tan fuerte como un gigante

- vente conmigo, gitano, y te daré un girasol verde y oro

- el fuerte viento no dejó levantar el vuelo al pajarillo

- ida y vuelta por favor

- ¿qué vende usted? yo vendo verdura

- la última vez que salió de viaje el viejo se llevó una valija verde

- el viernes vendrá mucha gente

gu   b

Lámina 5.5

bala   bola   bata   bebe

iba   beso   sabe   bota   bien

guía   guerra   águila   baile

guitarra   hoguera   pagué   llegué

batalla   botella   bebía   bueno

bonito   había   saltaba   barbilla

iban   barato   abuelo   pablo

soplaba   abrazo   albergue

- pablo fue de paseo con su abuelo
- él bebía siempre en una botella y nunca usaba los vasos
- el enano saltaba, gritaba y cantaba alrededor del farol
- ese beso vale por dos
- tus botas son buenas y bonitas
- pagué tres pesetas por un kilo de bellotas
- la bomba no había causado muchos daños
- iban a la guerra como los valientes
- el guía nos condujo hasta donde el águila tenía su nido
- llegué al puente y pregunté al guardia el nombre del pueblo

Alfabeto y Mayúsculas

a	A	m	M
b	B	n	N
c	C	ñ	Ñ
ch	Ch	o	O
d	D	p	P
e	E	q	Q
f	F	r	R
g	G	s	S
h	H	t	T
i	I	u	U
j	J	v	V
k	K	x	X
l	L	y	Y
ll	Ll	z	Z

Cuando haga falta se puede sustituir la primera letra de cada palabra por una mayúscula. Por ejemplo: lola se escribirá Lola.

_____ , 20____

Querido papá:

Muchas gracias por tu cariñosa carta y por el bonito regalo. Me apena que aún estés viajando. Vuelve pronto pues te echo mucho de menos.

La fiesta de mi cumpleaños, el próximo domingo, será muy alegre. He invitado a algunos compañeros de escuela y sus padres han accedido a traerlos ese día.

¡Es tan agradable pensar en lo que traerán de regalo, en lo que prepararemos para ellos, en cómo arreglaremos la mesa en torno a la torta de cumpleaños! ¿No es verdad?

A cada uno de mis invitados le regalaré: un cuaderno y una lapicera, un globo de color, (todos recibirán globos de formas distintas y cómicas para hacernos reir,) y barritas de chocolate. ¿Te parece que les gustará?

Organizaremos distintos juegos en el jardín, o adentro, si llueve.

Papá, por favor, no me digas que estoy soñando, que todo ésto es muy caro. He recorrido tiendas y mercados y con mis ahorros he comprado cosas muy baratas. Como mi cumpleaños es una sola vez al año quiero estar muy contenta ese día, después pensaré en ahorrar de nuevo. ¿Quieres?

Vuelve muy pronto.

Con un abrazo y el cariño de tu hija,

www.ingramcontent.com/pod-product-compliance
Lightning Source LLC
Chambersburg PA
CBHW080527110426
42742CB00017B/3267